C

My First OXFORD French Words

Illustrated by David Melling
Compiled by Neil Morris

OXFORD

UNIVERSITY PRESS

For Bosiljka, Branko and Igor Sunajko.

D.M.

OXFORD
UNIVERSITY PRESS

Great Clarendon Street, Oxford OX2 6DP

Oxford New York
Athens Auckland Bangkok Bogotá Buenos Aires Calcutta
Cape Town Chennai Dar es Salaam Delhi Florence Hong Kong Istanbul
Karachi Kuala Lumpur Madrid Melbourne Mexico City Mumbai
Nairobi Paris São Paulo Singapore Taipei Tokyo Toronto Warsaw
and associated companies in
Berlin Ibadan

Oxford is a registered trade mark of Oxford University Press

Illustrations copyright © David Melling 1999
Text copyright © Oxford University Press 1999

First published 1999

1 3 5 7 9 10 8 6 4 2

British Library Cataloguing in Publication Data available

French translation by Natalie Pomier

ISBN 0–19–910479–4

Printed in Italy

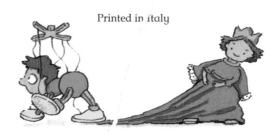

Contents

Regarde-Moi!

la poitrine

la jambe

le pied

l'orteil

le coude

le dos

les fesses

le doigt

le ventre

le genou

la main

les cheveux

le bras

la tête

les épaules

4

le visage

la joue

l'oreille

l'œil

le menton

la bouche

les dents

la langue

le cou

le nez

la fille   le garçon

5

Notre Maison

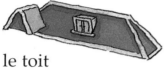

le toit

la poubelle   le portillon

l'escalier

la cheminée

la clôture

le garage

la fenêtre

la porte

le chien

le chat

le lapin

l'araignée

l'escargot

le courrier

le sac postal

la feuille

la fleur

l'arbre

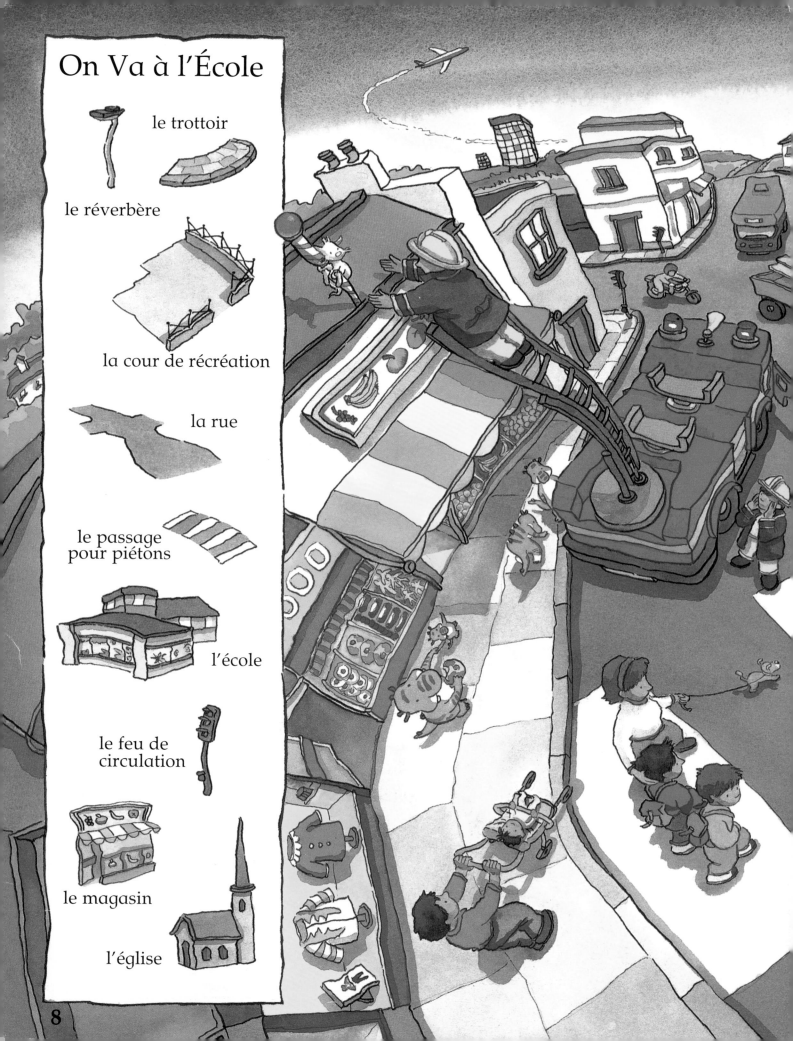

On Va à l'École

le trottoir

le réverbère

la cour de récréation

la rue

le passage
pour piétons

l'école

le feu de
circulation

le magasin

l'église

8

le vélo

la voiture

le bus

la moto

la voiture de pompiers

le camion

l'hélicoptère

l'ambulance

l'avion

À l'École

le cartable

le livre

la boîte
à goûter

l'ardoise

la craie

le globe

le bureau

l'aimant

la poubelle

10

le magnétophone

la cassette

la règle

l'ordinateur

la carte

la disquette

le dé

le clavier

la souris

Les Couleurs

noir

bleu

marron

vert

gris

orange

rose

violet

rouge

blanc

jaune

12

le tablier

la colle

le dessin

le pinceau

les pots de peinture

le crayon

le papier

les ciseaux

le feutre

le chevalet

13

Les Professions

le facteur

le maçon

le médecin

la femme policier

la vétérinaire

le joueur
de foot

le pompier

le chauffeur de bus

14

le conducteur de
train

le chanteur
de pop

le pilote

la danseuse

l' homme-
grenouille

le cuisinier

l'astronaute

le surveillant
de baignade

15

Autrefois

Les dinosaures:
il y a 200 millions d'années

le tyrannosaure

le stégosaure

le diplodocus

le squelette du tricératops

le fossile

l'os

Les hommes préhistoriques:
il y a 10 000 ans

la grotte

le silex

la peinture rupestre

le feu

Les Égyptiens:
il y a 5 000 ans

la pyramide

le sphinx

le pharaon

Les Romains:
il y a 2 000 ans

la poterie

les pièces

le soldat

17

Les Courses

le chariot

le panier

la caisse

le pain

le gâteau

la confiture

les céréales

la pomme de terre

les saucisses

les spaghetti

le lait

le yaourt

le fromage

les œufs

la pomme

la banane

l'orange

la tomate

la carotte

la salade

Les Monstres

la cuisinière

le frigo

la machine à laver

la casserole

le fer à repasser

la tasse

le bol

le couteau

la fourchette

la bouilloire

l'assiette

la cuillère

la soucoupe

la chaise

la théière

le coussin

le canapé

la chaîne stéréo

la table

la télévision

le magnétoscope

l'aspirateur

21

On Joue

la maison
de poupées

la poupée

le jeu

la voiture
de course

le robot

le puzzle

le nounours

le petit train

le tambour

la guitare

le synthétiseur

le microphone

la trompette

la flûte à bec

les cymbales

le bracelet
à clochettes

le tambourin

23

À la Ferme

le cheval

la poule

le coq

le canard

l'oie

le mouton

la chèvre

le cochon

la vache

le tracteur

le ruisseau

le pont

le champ

la forêt

le foin

la colline

l'épouvantail

25

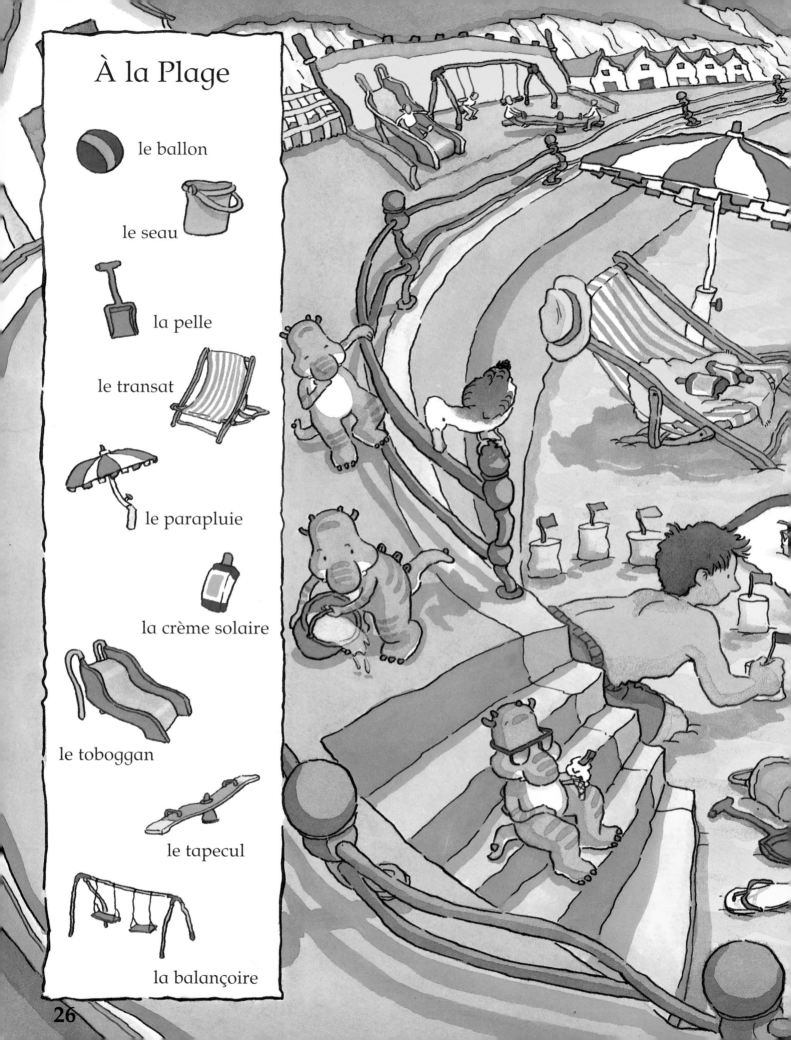

À la Plage

le ballon

le seau

la pelle

le transat

le parapluie

la crème solaire

le toboggan

le tapecul

la balançoire

le bateau

le phare

le château de sable

la mouette

le coquillage

le crabe

la pieuvre

l'étoile de mer

les algues

Fêtes et Goûters

la carte
d'anniversaire

la bougie

le ballon

le cadeau

le serpentin

la langue de belle-mère

le chapeau

la baguette magique

le magicien

les bonbons

le sandwich

la pizza

la glace

le chocolat

le biscuit

la paille

la boisson

le gâteau

29

Les Animaux

l'éléphant

le crocodile

la giraffe

le poisson

l'hippopotame

le kangourou

le singe

le koala

30

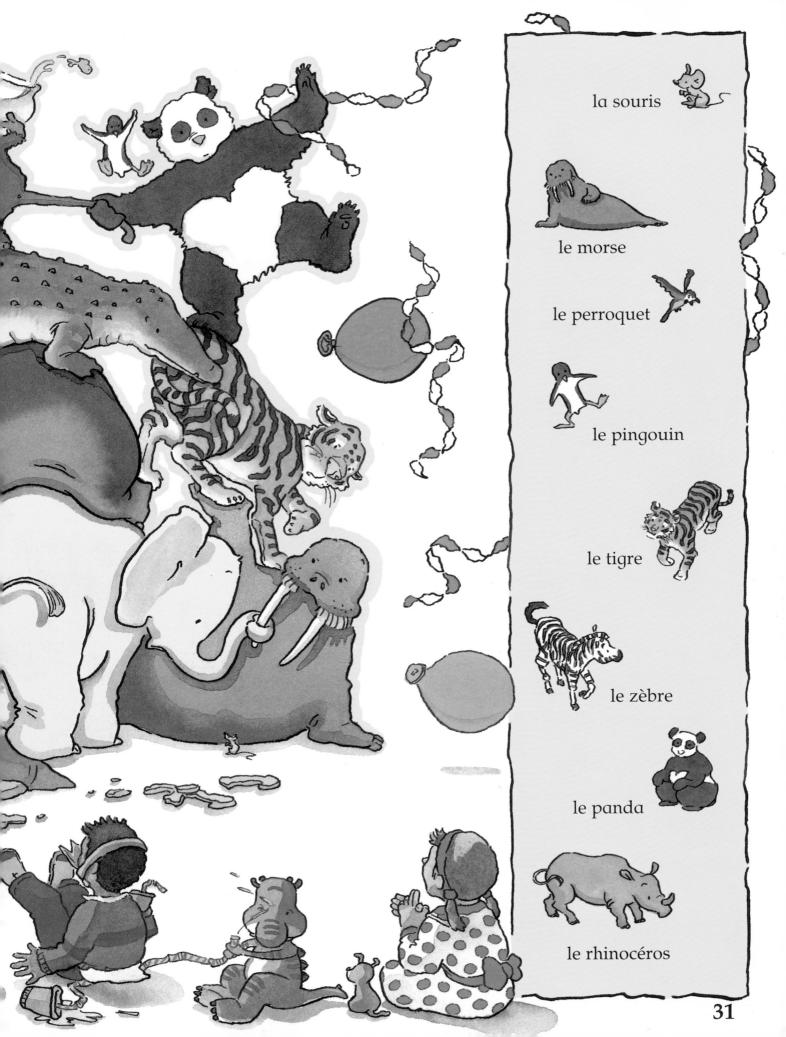

la souris

le morse

le perroquet

le pingouin

le tigre

le zèbre

le panda

le rhinocéros

On Prend un Bain

 la robe

 la veste

 le pull

 le short

 le slip

 la chemise

 les chaussures

 la jupe

 les chaussettes

 le pantalon

 le tee-shirt

le lavabo

la baignoire

le gant de toilette

le miroir

la douche

le savon

l'éponge

les W.C.

le papier
hygiénique

la brosse à dents

le dentifrice

la serviette

33

Au Lit

les rideaux

l'armoire

la lampe

la table
de chevet

le pyjama

la chemise
de nuit

l'oreiller

le lit

la couverture

la commode

34

le livre d'histoires

le château

le roi

la reine

le génie

la lampe magique

le dragon

le géant

Mots et Illustrations

Match the words with the pictures

la bague

les chaussettes

la chenille

la chèvre

le chien

la cloche

le clou

la coccinelle

l'encre

le fourgon

la fourmi

l'helicoptère

le jongleur

la marionnette

la montre

l'œuf

le parapluie

le poisson

la pieuvre

la radiographie

la reine

le roi

la souris

le tigre

le voilier

le zèbre

123

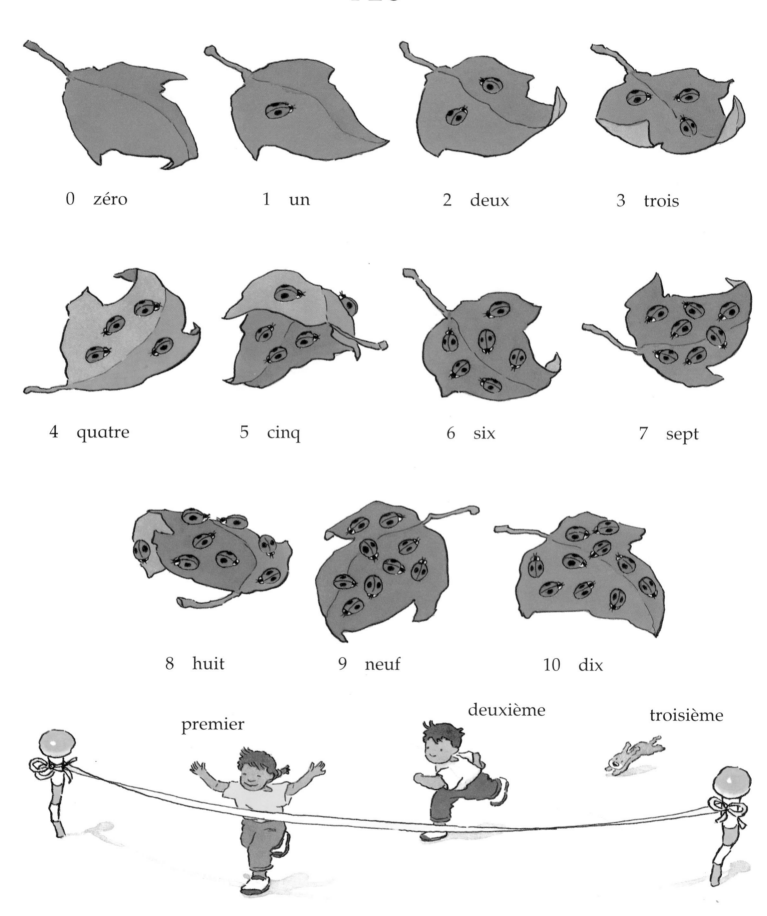

0 zéro   1 un   2 deux   3 trois

4 quatre   5 cinq   6 six   7 sept

8 huit   9 neuf   10 dix

premier   deuxième   troisième

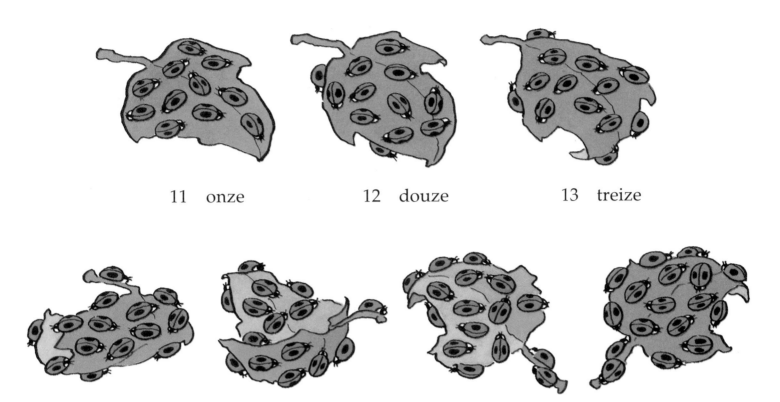

11 onze   12 douze   13 treize

14 quatorze   15 quinze   16 seize   17 dix-sept

18 dix-huit   19 dix-neuf   20 vingt

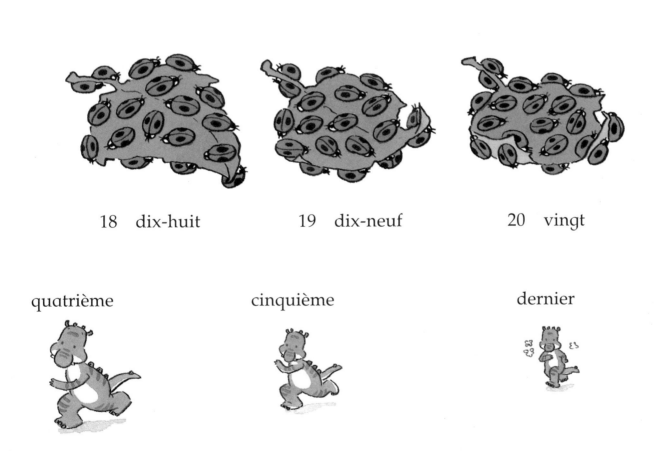

quatrième   cinquième   dernier

Les Formes

le rectangle

le carré

le cercle

le cœur

l'ovale

le demi-cercle

l'étoile

le triangle

le pentagone

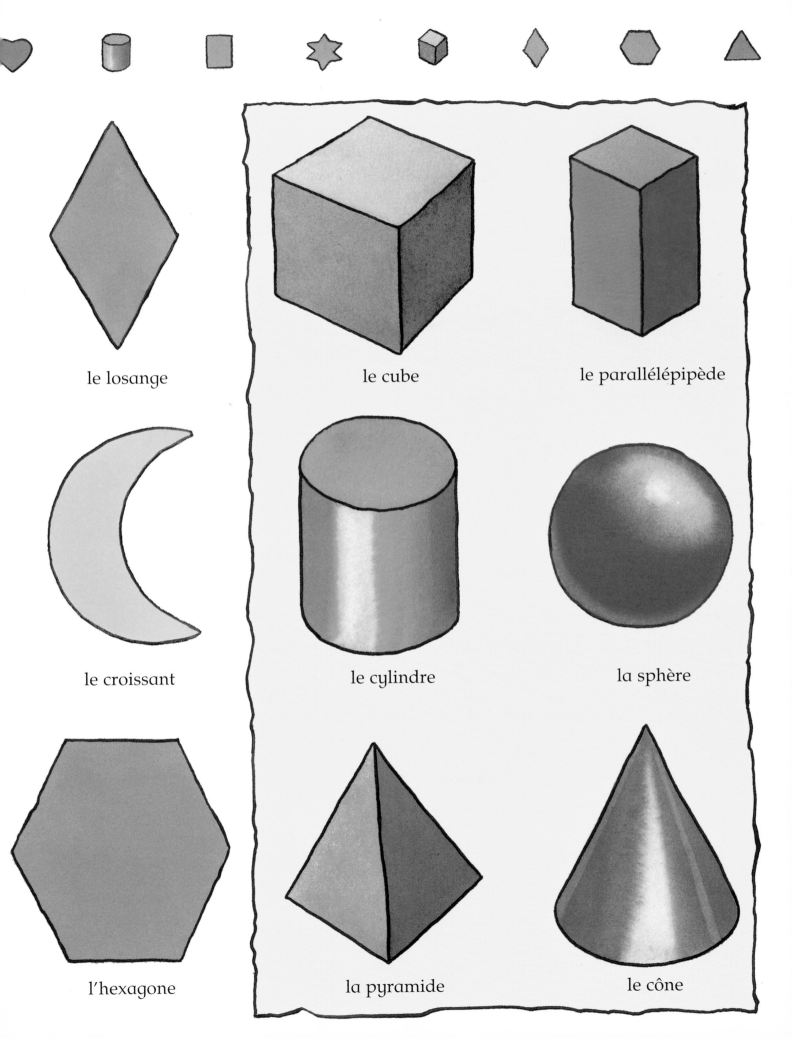

le losange

le cube

le parallélépipède

le croissant

le cylindre

la sphère

l'hexagone

la pyramide

le cône

Les Contraires

grand/petit

propre/sale

gros/maigre

plein/vide

haut/bas

chaud/froid

neuf/vieux

ouvert/fermé

42

sombre/clair

rapide/lent

heureux/triste

lourd/léger

long/court

plus/moins

pareil/différent

humide/sec

43

Le Temps

nuageux

ensoleillé

pluvieux

enneigé

venteux

brumeux

L' Heure

huit heures du matin

dix heures du matin

midi

deux heures de l'après-midi

quatre heures de l'après-midi

six heures du soir

45

Index